a infância de...
Ruth Rocha

© 2006 do texto por Audálio Dantas
Callis Editora Ltda.
Todos os direitos reservados
2ª edição, 2012
1ª reimpressão, 2021

TEXTO ADEQUADO ÀS REGRAS DO NOVO ACORDO ORTOGRÁFICO DA LÍNGUA PORTUGUESA

Coordenação editorial: Miriam Gabbai
Projeto gráfico: Camila Mesquita
Revisão: Janette Tavano e Ricardo N. Barreiros

Texto e imagens autorizados por Ruth Rocha, por meio de AMS Agenciamento Artístico
Cultural e Literário Ltda.

Caricatura da página de rosto de Loredano.

CIP-BRASIL. CATALOGAÇÃO-NA-FONTE
SINDICATO NACIONAL DOS EDITORES DE LIVROS, RJ.

D21r
2.ed.

Dantas, Audálio, 1929-
   A infância de... Ruth Rocha / Audálio Dantas ; ilustrações de Camila Mesquita.
- 2.ed. - São Paulo : Callis Ed., 2012.
   32p. : il. ; 28 cm.   (A infância de...)

   ISBN 978-85-7416-725-1

   1. Rocha, Ruth, 1931- - Infância e juventude - Literatura infantojuvenil.
2. Escritores brasileiros - Biografia - Literatura infantojuvenil. I. Mesquita,
Camila, 1969-. II. Título. III. Série.

12-0922.	CDD: 028.5	
	CDU: 087.5	
15.02.12 24.02.12		033260

ISBN 978-85-7416-725-1

Impresso no Brasil

2021
Callis Editora Ltda.
Rua Oscar Freire, 379, 6º andar • 01426-001 • São Paulo • SP
Tel.: (11) 3068-5600 • Fax: (11) 3088-3133
www.callis.com.br • vendas@callis.com.br

a infância de RUTH ROCHA
...

Audálio Dantas

*Em memória de Octavio Martins Dantas, meu pai,
que carregou pela vida os seus sonhos de menino.
E para Carolina e Lucyla, minhas afilhadas,
que ainda têm muitos sonhos a sonhar.*

callis

Ruth em 1932, com um ano de idade.

A menina

Ruth nasceu numa família que tinha raízes em várias partes do Brasil. Tinha antepassados paraenses, baianos, sergipanos e mineiros. Seus pais eram cariocas, mas ela foi nascer na cidade de São Paulo, na Vila Clementino.

Naquele tempo, São Paulo já era um espanto. A cidade crescia, subia em arranha-céus como o Martinelli, que alcançava a altura de 25 andares! Mas a Vila Clementino era verde e tranquila como uma cidadezinha do interior. As ruas eram de terra, as casas baixas ainda se davam ao luxo de ter quintais. E havia chácaras, algumas de plantação de verduras, outras só de flores. Por isso, as noites da vila eram perfumadas.

Durante os dias, o barulho que mais se ouvia era o das crianças em suas brincadeiras nas ruas e nos quintais. Afora isso, só o barulho do bonde que atravessava o bairro cantando nos trilhos, em suas idas e vindas entre o centro da cidade e o longínquo bairro de Santo Amaro.

Ronco de automóvel quase não se ouvia. Um dos poucos carros que rodavam por ali era o do doutor Álvaro de Faria Machado, pai de Ruth. Ele era médico e tinha consultório no centro da cidade. Todo dia, bem cedo, subia a Rua Morgado de Mateus, onde a família morava. O carro ia aos solavancos, roncando mais forte para vencer a buraqueira da rua. A vizinhança já sabia:

— Lá vai o doutor Álvaro.

O pai de Ruth, Álvaro de Faria Machado, aos 25 anos (1925), quando se formou em medicina.

Esther (à direita), mãe de Ruth, com uma amiga, em 1926.

Não demorou muito para a menina Ruth se transformar numa das mais ativas participantes das brincadeiras das crianças da vila. Sua mãe, dona Esther, preocupou-se um pouco no começo:

— Você ainda é pequena, Ruth. Tem uns moleques grandões aí na rua. Eles podem implicar com você.

Ruth, muito viva, insistiu:

— Ah, mãe, deixa. A Rilda cuida de mim.

Rilda era a irmã mais velha. Tinha só dois anos a mais, mas para Ruth era uma grandona. E, além de grandona, Rilda era corajosa. Quando os moleques maiores implicavam com a irmã, ela impunha sua autoridade:

— Não estão vendo que ela é pequenininha?!

Se precisasse de alguém para impor mais respeito, as duas podiam contar com a tia Nila, que já era mocinha e forte. Nos dias de calor, elas iam nadar na piscina do senhor Iank, um alemão amigo da família, que tinha uma casa grande e um quintal enorme. Era uma festa.

Mas sempre aparecia alguém querendo estragar a festa. Tinha o primo Léo, que era muito danado. Ele implicava com a Ruth, que ainda não sabia nadar direito. Dava caldo nela, assustava:

— Sai daí, sua pirralha!

Um dia, tia Nila chamou Ruth de lado e disse:

— Você precisa dar uma lição nesse pestinha.

A menina arregalou os olhos:

— Como, tia Nila? Ele é grandão!

E tia Nila explicou:

— É só pegar um cabo de vassoura e… pá, pá, pá na cabeça dele.

Ruth aprendeu rapidinho a lição. E o Léo nunca mais se meteu a engraçado.

Nila, tia de Ruth, com seu filho Álvaro (1948).

A **rua** Morgado de Mateus era uma rua muito democrática. Tinha gente que morava em casa grande e bonita, até com piscina, como o senhor Iank, e tinha também os mais pobrezinhos, gente muito simples. Mas ninguém reparava, ninguém separava. Só tinha uma menina que era metida a grã-fina. Ela morava numa casa toda pintada de cor-de-rosa e vivia metida em vestidos caros, toda empetecada. Ficava quase o tempo todo na varanda, esticadinha, só olhando, longe da poeira da rua.

Na rua, a meninada se igualava nas brincadeiras, uns entrando na casa dos outros. Entravam por uma porta, saíam por outra, desfrutando os quintais. Havia tudo que era fruta: lima-da-pérsia, jabuticaba, goiaba, mexerica e até araçá.

Ruth (à direita) aos 3 anos, com sua irmã Rilda.

Mas brincadeira de rua tinha hora. As meninas se entregavam com a mesma alegria aos brinquedos de dentro de casa. Ruth e Rilda tinham um monte de bonecas. Duas delas eram as preferidas: a boneca da Ruth era a Clotilde. A da Rilda, a Abigail. Elas mesmas tinham escolhido os nomes, que achavam lindos.

Quando se cansava das bonecas, Ruth ia brincar de dormir. Metia-se na cama, mesmo fora de hora, e lá ficava bem quietinha, para todo mundo pensar que estava dormindo de verdade. O melhor da brincadeira era inventar histórias. "Um dia", pensava, quase sonhando, "ainda vou contar histórias bonitas como as que a mamãe conta".

De vez em quando, de tardezinha, dona Esther convidava a garotada da vizinhança, servia um lanche bem caprichado e depois contava muitas e muitas histórias. Contar histórias era uma arte que ela tinha aprendido com seu pai, Francisco Sabino Coelho de Sampaio. Ele tinha esse nome comprido, mas todos o chamavam de Yoyô (naquele tempo se escrevia assim mesmo, com dois ípsilons). Ele era o avô baiano de Ruth e Rilda. Um mestre, um artista de verdade. E tanto sabia contar histórias como ser avô.

Vô Yoyô morava longe, no Rio de Janeiro, mas aparecia de tempos em tempos. Ele trabalhava na Estrada de Ferro Central do Brasil. O trabalho dele era muito bom, porque ele vivia viajando de trem. Ia do Rio para São Paulo, de São Paulo para Minas e, de lá, voltava para o Rio por outro caminho. Ele era chefe de trem, mas Ruth contava para os amiguinhos, toda orgulhosa:

— O meu avô é quem guia o trem!

Mas em suas paradas em São Paulo, Yoyô era só avô. Chegava carregado de brinquedos que ele mesmo construía. Fazia lindas casinhas de boneca, com mobília e tudo. Além de brinquedos, trazia doces, muitos doces. Ruth adorava uns doces coloridos e transparentes, em forma de bichinhos.

A chegada de vô Yoyô era sempre uma festa. Não só para Ruth, Rilda e toda a família, mas para os priminhos e os amiguinhos, todos ouvintes encantados das histórias que ele contava.

A contação de histórias começava logo depois do jantar e se estendia até a hora em que o sono chegava. E o sono sempre chegava primeiro para vô Yoyô, cansado de tanto contar histórias. Aí, a garotada reagia, pedia mais:

— Conta outra, vô, conta!

Vô Yoyô sacudia o sono para um lado e avisava:

— *Tá* bom, só mais uma.

— Vivaaaa! — gritava a garotada.

Vô Yoyô aos 80 anos.

As crianças se encantavam com o jeito de vô Yoyô. Ele era baixinho, mas parecia que ia crescendo, virando um homem grandão, quando contava histórias. Podia ser história já conhecida, mas o seu jeito de contar fazia parecer nova. Parecia que as aventuras das *Mil e uma noites* aconteciam na Bahia, que era a terra dele. Lindas e misteriosas princesas apareciam nas janelas dos sobradões do Pelourinho, vilões manejavam adagas nos becos mais escuros e terminavam se esborrachando na Ladeira do Escorrega. Até a Branca de Neve ganhava cores baianas. Em vez da maçã, a bruxa malvada iludia a inocente princesa com uma suculenta carambola.

E no casamento com o príncipe havia uma grande fartura de doces da terra: quindim, cocada, papo de anjo, alfenim...

Às vezes, para maior alegria de Ruth e Rilda, vovó Neném também vinha do Rio de Janeiro, para temporadas mais longas com a filha e os netos. Era quando, além de histórias, a casa se alegrava com as cantorias. Ruth, que adorava cantar, queria mostrar as músicas que tinha aprendido com a tia Nila e a babá Nair. Cantava sem parar. Vó Neném incentivava:

— Puxa, Ruthinha, você parece um passarinho!

Ruth não cabia em si de contente. E mais contente ficava quando a avó resolvia lhe ensinar umas músicas antigas:

— Venha cá, vamos aprender uma cantiga imperial.

— Cantiga imperial, vó? O que é cantiga imperial?

Vó Neném explicava:

— É cantiga do tempo de Dom Pedro II.

Ruth nunca esqueceu uma canção que a avó cantava. Era assim:

Álbum de família: de pé, vô Yoyô entre Zizinha (à esquerda) e Alice, tias-avós de Ruth; sentados, a bisavó Dinda e o tio-avô Bráulio.

Quando meu peito não gemer mais nunca,
Quando meus lábios não se abrirem mais,
Chorai por mim, que te adorei, donzela,
Que lá no céu eu quero ouvir teus ais.

A menina ficava encantada. Adorava a música e pedia para vó Neném repetir. Uma, duas, três vezes. E depois saía cantando:

Quando meu peito não gemer mais nunca...

Parava de repente e, intrigada, perguntava:

— Vó, peito geme?

A avó ria, ria e depois tentava explicar:

— Bem... quer dizer... ahn, ahn... isso é coisa de poeta. É que o coração fica dentro do peito da gente. E quando a gente fica triste...

Ruth arregalava os olhos:

— Ah, já sei! O coração geme, mas a gente não escuta porque ele fica lá dentro do peito.

E logo voltava com outra pergunta:

— E "ais", vó, o que é "ais"?

A avó explicava do melhor jeito que podia:

— "Ais"... bem... "ais" é quando a gente suspira de tristeza... e diz ai, ai.

A pequena se dava por satisfeita:

— Ah, bom!

A babá Nair e Ruth (à esquerda), aos 4 anos, com sua irmã Rilda.

Quando vó Neném ia embora, as cantorias não terminavam. Ruth convocava a tia Nila e a babá Nair, que sabiam muitas músicas. Só que eram músicas diferentes. Ela adorava as marchinhas de carnaval. Aprendia todas e logo estava cantando. Tia Nila, orgulhosa, dizia:

— Essa menina ainda vai ser cantora de rádio!

E não é que foi mesmo? Foi num programa infantil da Rádio Cultura, que tinha o prefixo PRE-4. E por isso o programa se chamava *PR-Quatrinho*.

Não demorou muito para Ruth virar uma estrela do *PR-Quatrinho*. E quando a rádio fez um concurso para escolher a melhor cantora do programa, ela saiu na frente, disparada. Os ouvintes mandavam cartas e mais cartas.

Faltavam poucos dias para o fim da votação e todo mundo já dizia que Ruth ia ser Rainha do Rádio. Tia Nila e a babá Nair não cabiam em si de contentes. Até dona Esther e o doutor Álvaro, que no começo não tinham aprovado a ideia de Ruth cantar na rádio, ficaram alegres e torcendo para ela ganhar.

Mas... tem sempre um *mas* — e esse veio para atrapalhar a carreira de cantora de Ruth. Ela teve de faltar no *PR-Quatrinho* por causa de uma crise de asma.

Desde pequenininha ela sofria de asma, uma doença muito chata que faz a gente quase perder a respiração. Mas dessa vez a coisa veio brava demais. Ruth puxava o ar lá de dentro, mas ele não vinha, ficava lá, preso.

Era uma agonia, a menina quase perdia a respiração.

Como ser cantora desse jeito? E ainda mais tendo de caprichar para ser a Rainha do Rádio?

As crises de asma iam e vinham. Às vezes, demoravam um bom tempo, então voltavam fraquinhas ou muito fortes. Era quando o doutor Álvaro tomava providências que iam além dos remédios. Ruth era obrigada a ficar de repouso, o tempo todo em seu quarto, que ficava na parte de cima da casa.

Lá ficava ela, na cama, toda cercada de travesseiros e do carinho de sua mãe. Dona Esther providenciava revistas e livros. E ligava o rádio para Ruth ficar ouvindo música. Quando não estava lendo ou ouvindo música, Ruth ficava horas imaginando histórias ou entretida com o tique-taque do relógio de parede da sala. E não era só tique-taque que o relógio fazia: badalava a cada quinze minutos e anunciava as horas com badaladas mais fortes, blem, blem, blem.

Ruth gostava de ouvir o relógio, que parecia cantar as horas. Apurava os ouvidos e o pensamento. E pensando ia além da rua e dos quintais onde as crianças brincavam. Num dia, num fim de tarde, pareceu-lhe estar, de verdade, na roda das meninas que cantavam na rua:

Senhora dona Sancha
Coberta de ouro e prata
Descubra o seu rosto
Queremos ver sua cara.

Outras vezes, quando ouvia o barulho do bonde, lá longe, ela se sentia viajando. Ia para bem mais longe, para o centro da cidade, ou para mais longe ainda, para Santo Amaro, que nem conhecia.

Viagens

de verdade a menina fazia quando seu pai, em vez de temporadas no quarto, receitava-lhe temporadas na praia. Nas férias, toda a família descia de São Paulo para São Vicente. Ficavam numa casa emprestada pelo tio Aurélio. Era uma casa bonita e espaçosa, bem de frente para o mar.

A alegria de viajar para a praia começava em casa, com a família toda se aboletando no carro, que era um valente Ford 36. O mais bonito de ver era quando o automóvel, depois de vencer curvas e mais curvas na estrada de Santos, chegava a um lugar que era um mirante.

Lá embaixo, depois do manguezal verdinho que parecia um tapete, aparecia o mar, todo azul e sem fim.

Para Ruth, a praia era um santo remédio, porque, na beira do mar, a tal da asma sumia. Ficava só a alegria de pisar na areia, esperar as ondas que iam e vinham, batendo forte em seu corpo.

Ruth aos 9 anos.

E tudo era liberdade. Até sorvete, rigorosamente proibido em São Paulo, na praia era permitido. A praia também era um lugar bom para sonhar. Ruth passava horas construindo castelos na areia. Caprichava para fazê-los parecidos com os que via nos livros de histórias. E inventava as suas próprias histórias, que muitas vezes terminavam de repente, sem um fim bonito como ela queria. É que vinham ondas mais fortes e desmanchavam tudo. A menina olhava o castelo, o sonho desfeito, mas não desistia. "Não faz mal", pensava, "eu faço outro".

Por esse tempo, Ruth já estava bem adiantada na escola. Tinha aprendido a ler com muita facilidade numa escolinha do bairro.

E depois, quando completou oito anos, foi fazer a segunda série (atual terceiro ano), no Colégio Bandeirantes. A escola era boa, mas tinha uma professora muito exigente que se chamava dona Tíbia. Todo mundo tinha medo dela. Dona Tíbia provocava crises de asma!

Logo na primeira semana, só de pensar na professora, Ruth sentia o ar fugir. Mas não foi uma crise brava como as outras. Nem precisou ficar de cama.

Uma noite, dessas de céu bem limpinho, ela foi até a janela olhar as estrelas. Primeiro foi um encantamento; depois, um susto. Aqueles pontinhos brilhantes dependurados no fundo escuro do céu. Quantas estrelas seriam? Depois das estrelas, o que mais havia? O céu, aquele escuro sem fim, onde terminaria? Sentiu-se pequenininha, mais ainda do que era. Ficou dias e dias perturbada, a cabeça nas nuvens e nas estrelas, esquecida da asma e até de dona Tíbia.

    Quando chegou o tempo do ginásio (que correspondia ao período do sexto ao nono ano do ensino fundamental), Ruth entendeu que dona Tíbia não era má, era só muito exigente. No ginásio havia muitos professores. E uma professora, a dona Ivone, era má de verdade.

    Ruth tinha descoberto umas tintas que eram uma maravilha. Eram tintas de sapato, de todas as cores, que uns parentes dela usavam para escrever. Certa de que ia fazer sucesso, a menina preparou com todo o carinho um caderno para suas lições de inglês.

    Desenhou as letras a bico de pena, misturando as cores. Se o título de uma lição era vermelho, o texto vinha em azul, às vezes intercalado com outras cores — verde, amarelo, roxo...

    O caderno era uma festa colorida. Mas dona Ivone, pelo jeito, só pensava em branco e preto.

    — Que horror! — gritou a professora, sacudindo o caderno. — Isto parece porta de tinturaria!

    E repetia, colérica:

    — Imprestável, imprestável! Pode jogar fora. E trate de arrumar um caderno decente.

    Ruth teve de fazer de novo, uma a uma, todas as lições. Usou tinta preta e, a cada palavra que escrevia, sentia aumentar a raiva que tinha da professora.

Esther Sampaio Machado, mãe de Ruth, em foto dos anos 40.

EM casa,

a raiva que sentia da professora rabugenta ia sumindo aos poucos. Era substituída pelo encantamento das histórias de Monteiro Lobato, que dona Esther lia com muito gosto para os filhos. Ruth adorava as peripécias da Emília, uma boneca de pano muito levada que vivia aventuras maravilhosas. Ela viajava de todo jeito, até montada em cometa, riscando o céu de luz. E de repente mergulhava até o fundo do rio, para visitar o Reino das Águas Claras.

Ouvindo as histórias que sua mãe lia, Ruth viajava em pensamento com a Emília, sentia-se livre como ela. Às vezes, sentia-se a própria Emília e inventava as histórias que se passavam por ali mesmo, na rua, nos quintais, na escola. Numa dessas histórias, com a petulância bem do jeito da Emília, Ruth fazia má-criação para a professora que recusara seu caderno colorido:

— Puxa, dona Ivone, a senhora é do tempo da carochinha, hein!

Quando já estava cursando a terceira série do ginásio (atual oitavo ano), Ruth ainda se encantava com as histórias da Emília, mas já andava enredada nos romances de amor, que alguns professores chamavam de cor-de-rosa.
Mas aí o professor de Português, que se chamava José Aderaldo Castelo, disse que literatura era muito mais do que aquilo. Ele falou de um livro de Eça de Queiroz. Era *A cidade e as serras*, que todos deveriam ler. Era a lição para a próxima semana. Ruth olhou aquele livrão e não se sentiu atraída.
"Ai, que preguiça", pensava.
E voltava para os seus romancinhos cor-de-rosa.

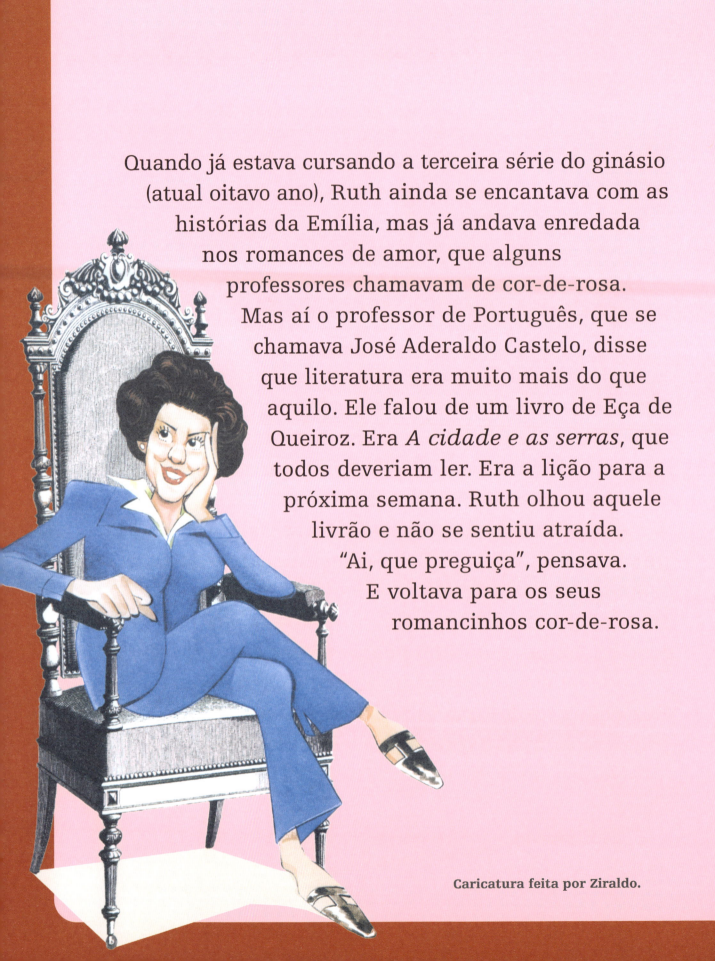

Caricatura feita por Ziraldo.

Mas tinha que fazer a lição. E acabou fazendo, mesmo sem ler o livro. Esperta, valeu-se do que o professor tinha falado na classe e fez a lição. E não é que deu certo? Teve a nota mais alta da classe. Nota oito! Mas, em vez de ficar alegre, Ruth ficou envergonhada. Ganhar nota oito sem ler o livro.

— Eu não mereço — repetia para si mesma.

Decidiu, então, cumprir a tarefa. Leu o livro e foi como se tivesse descoberto um mundo novo. O livro era diferente de todos os que já tinha lido. Anos depois, quando já conhecia muitos e muitos livros, Ruth sempre lembrava: "Primeiro, eu trombei com Eça de Queiroz. Mas, em seguida, encontrei a literatura."

Depois daquela *trombada* com Eça de Queiroz, Ruth não parou mais de ler bons livros. Com sua irmã Rilda, que já estava no colegial (atual ensino médio), foi conhecer a Biblioteca Mário de Andrade, no centro da cidade. Ficou deslumbrada com tantos livros. Olhava as estantes enormes, pensando: "Ainda vou ler todos esses livros."

Ruth leu muitos e muitos livros. Quando terminou a faculdade, foi trabalhar na biblioteca de um colégio, onde reunia as crianças e lia livros de histórias com elas. Depois foi contratada por uma revista infantil, a *Recreio*. Foi nessa revista que ela publicou a sua primeira história, que depois virou livro, o primeiro dos mais de cem que escreveu para crianças.

O livro, intitulado *Romeu e Julieta*, é a história de duas borboletinhas que queriam brincar juntas, mas os pais delas proibiam. Uma, o menino Romeu, era azul; outra, a linda Julieta, amarela. Queriam ser amigos, mas não podiam, só porque eram de cores diferentes.

REPORTAGEM: O TCHAU DA RUTH

Quando saiu da revista *Recreio*, em 1981, Ruth foi homenageada pelos colegas de redação com uma capa especial.

Recreio

Para escrever essa história, Ruth voou em pensamento para a rua de sua infância, onde todas as crianças, pobres, ricas, remediadas, brancas e pretas se juntavam nas mesmas brincadeiras. Anos depois, quando sua filha Mariana aprendeu a ler, elegeu *Romeu e Julieta* como livro preferido.

Mas Mariana não conseguia entender por que os pais das borboletinhas impediam que elas brincassem:

— Puxa, mamãe, fica tão bonito azul e amarelo...

Ruth respondia do jeito carinhoso com que escreveria muitas outras histórias para crianças:

— Pois é, minha filha, os pais do Romeu e da Julieta eram intolerantes. Só que, depois, entenderam que estavam errados. Mas ainda hoje tem gente que não aceita os outros só porque são diferentes.

Dados biográficos de Ruth Rocha

Ruth Rocha nasceu em São Paulo, em 1931. Segunda filha do casal Álvaro de Faria Machado e Esther Sampaio Machado, tem quatro irmãos: Rilda, Álvaro, Eliana e Alexandre. Casada com Eduardo de Souza Louzada Rocha, tem uma filha, Mariana, e dois netos, Miguel e Pedro. Socióloga formada pela Escola de Sociologia e Política (São Paulo), fez pós-graduação em Orientação Educacional na PUC (Pontifícia Universidade Católica de São Paulo).

Em seu tempo de menina, imaginava muitas histórias, mas não pensava em escrevê-las. Só muitos anos depois, em 1969, estreou na literatura com *Romeu e Julieta*, publicado na revista *Recreio*, na qual, como orientadora pedagógica, avaliava textos que outros escreviam. A mesma história apareceria em livro, sete anos depois, mesmo ano em que foi publicado outro, *Palavras, muitas palavras*. Daí em diante, Ruth Rocha não parou de escrever. Com 140 livros publicados, é hoje uma referência na literatura infantojuvenil brasileira. Seu maior sucesso é *Marcelo, marmelo, martelo*, com mais de 1 milhão de exemplares vendidos! Além de seus próprios livros, traduziu cerca de uma centena de outros. Ruth recebeu importantes prêmios da Fundação Nacional do Livro Infantil e Juvenil, da Associação Paulista de Críticos de Arte, da Academia Brasileira de Letras (Prêmio Monteiro Lobato de Literatura Infantil), além de três prêmios Jabuti, e a condecoração da Ordem do Mérito Cultural, da Presidência da República.

Audálio Dantas conheceu Ruth Rocha na Editora Abril, onde ambos trabalhavam, ela na revista *Recreio*, ele na revista *Realidade*. Cultivavam paixões diferentes: Audálio, pela reportagem, que o levava a percorrer muitos caminhos do mundo; Ruth, pelas histórias infantis de outros autores e pelas suas próprias, que acabaram conquistando milhões de crianças brasileiras. Além de reportagens, Audálio chegou a escrever algumas histórias infantis, que terminaram na gaveta. Desistiu por considerar o gênero muito difícil, coisa para Ruth Rocha — concluiu —, cuja infância ele conta agora neste livro. *A infância de... Ruth Rocha* é o terceiro livro escrito por Audálio Dantas para a coleção *A infância de…*, da Callis Editora (os outros foram *A infância de... Graciliano Ramos* e *A infância de... Mauricio de Sousa*). Dentre os trabalhos mais importantes que realizou, incluem-se a descoberta e a compilação dos diários da favelada Carolina Maria de Jesus, publicados no livro *Quarto de despejo* (Editora Francisco Alves, 1960). Publicou, entre outros, os livros: *O circo do desespero* (Editora Símbolo, 1976), e *Repórteres* (Editora Senac, 1998). Foi presidente do Sindicato dos Jornalistas de São Paulo, da Federação Nacional dos Jornalistas e da Imprensa Oficial do Estado de São Paulo. Atualmente é vice-presidente da ABI (Associação Brasileira de Imprensa) e conselheiro da UBE (União Brasileira de Escritores). Tem realizado importantes projetos culturais, entre os quais: as exposições *100 anos de cordel* (2001), *O chão de Graciliano* (2003) e na *Terra de Macunaíma* (2004).

UNIVERSAL DECLARATION OF HUMAN RIGHTS

AN ADAPTATION FOR CHILDREN
BY RUTH ROCHA AND OTÁVIO ROTH

Come to the Authors' signing of the book
at the United Nations
Bookstore, Concourse Level,
December 11
from 12:30 A.M to 2:00 P.M.
$9.95 hard cover $7.95 soft cover

IT WILL MAKE A
GREAT HOLIDAY GIFT!

Cartaz de lançamento da adaptação para crianças da Declaração Universal dos Direitos Humanos. Ruth e Otávio Roth autografaram o livro na ONU

Ruth com os netos Pedro (o menor) e Miguel, em 2003.